Qaisar Iqbal
Basheer Ahmad
Siti Hasnah Hassan

Uma perspetiva diádica da qualidade do serviço

Qaisar Iqbal
Basheer Ahmad
Siti Hasnah Hassan

Uma perspetiva diádica da qualidade do serviço

ScienciaScripts

Cover image: www.ingimage.com

This book is a translation from the original published under ISBN 978-620-2-02380-1.

Publisher:
Sciencia Scripts
is a trademark of
Dodo Books Indian Ocean Ltd. and OmniScriptum S.R.L publishing group

120 High Road, East Finchley, London, N2 9ED, United Kingdom
Str. Armeneasca 28/1, office 1, Chisinau MD-2012, Republic of Moldova, Europe
Printed at: see last page
ISBN: 978-620-7-74473-2

Parte 1

A Estudo comparativo: Qualidade dos serviços no sector da saúde no Reino Unido e no Paquistão

Resumo

O objetivo deste estudo é comparar as pontuações médias e identificar semelhanças nas cinco dimensões da qualidade dos serviços entre os hospitais públicos de Londres, no Reino Unido, e os hospitais privados da cidade paquistanesa de Attock, com base na perceção dos doentes. Os dados foram recolhidos junto dos doentes através de um questionário auto-preenchido. A SERVQUAL era uma escala de medição composta por 21 itens que abrangiam as cinco dimensões.

Para analisar os dados recolhidos, foi efectuado um teste T independente utilizando o Statistical Software Package for Social Sciences. Verificou-se que, em ambos os sectores, o desempenho dos hospitais é mais baixo na dimensão da capacidade de resposta da qualidade do serviço. Nos hospitais públicos do Reino Unido, o nível de segurança é o mais elevado, mas nos hospitais privados paquistaneses, a dimensão da empatia é mais elevada do que as outras quatro dimensões. Globalmente, a qualidade do serviço nos hospitais públicos do Reino Unido é melhor do que nos hospitais privados do Paquistão.

Palavras-chave: qualidade do serviço, estabelecimentos de saúde, países em desenvolvimento e industrializados, perceção do doente

Introdução

Devido à concorrência global, às exigências dos clientes e às elevadas expectativas em relação à qualidade dos produtos e serviços, a concorrência é feroz nos vários sectores da economia mundial. As empresas obtêm uma vantagem estratégica através da qualidade para alcançarem o sucesso e se afirmarem no mercado.

O sector dos serviços representa uma grande parte da economia mundial. O sector dos serviços está a crescer rapidamente e os serviços de saúde são uma parte significativa deste sector. A concorrência no sector dos cuidados de saúde aumentou a pressão para prestar serviços de elevada qualidade. A análise da qualidade do serviço permite à gestão hospitalar afetar recursos financeiros para melhorar o desempenho em áreas que têm um maior impacto na perceção da qualidade do serviço pelos clientes. O objetivo deste estudo é comparar diferentes dimensões da qualidade do serviço em hospitais privados no Paquistão e em hospitais públicos no Reino Unido, na perspetiva dos doentes.

A maioria dos hospitais da cidade tem o mesmo Instalações/equipamentos/infra-estruturas. A qualidade dos serviços é um fator importante na decisão dos doentes de escolherem um determinado hospital. Os hospitais oferecem a mesma variedade de serviços, mas a sua qualidade pode ser diferente. Não é fácil medir se um hospital cumpre ou não o nível esperado de qualidade de serviço. Nos hospitais, a qualidade do serviço consiste na qualidade técnica e na qualidade funcional. A qualidade técnica é o que os doentes recebem. Trata-se da exatidão dos diagnósticos e dos procedimentos. A qualidade funcional é "a forma como o recebem". Tem a ver com a forma como os serviços são prestados. Os profissionais de saúde têm conhecimentos sobre a qualidade técnica. Os doentes não têm conhecimentos suficientes sobre a qualidade técnica. Os doentes só prestam atenção ao nível da qualidade funcional. Há provas de que a qualidade funcional é a variável mais importante que tem um grande impacto na perceção que o cliente tem da qualidade do serviço.

A qualidade do serviço é o fator mais importante para a satisfação do cliente. É necessário medir a qualidade do serviço para que a direção possa avaliar o nível de qualidade do serviço e identificar oportunidades de melhoria. A diferenciação do produto é impossível num ambiente competitivo. A direção só pode diferenciar a sua organização dos outros concorrentes através da qualidade do serviço. Vários factores de qualidade do serviço têm um impacto significativo na atração e retenção de clientes. medida que o número de hospitais na cidade aumenta, o pessoal é obrigado a prestar serviços com grande cuidado. A melhoria contínua da qualidade do serviço é imperativa. O nível de qualidade do serviço muda ao longo do tempo. A gestão precisa de desenvolver estratégias de satisfação do cliente para sobreviver no mercado competitivo atual. Os países asiáticos são muito colectivistas por natureza. Por conseguinte, o boca a boca (WOM) tem um grande impacto no marketing. Os clientes satisfeitos contam aos outros as suas experiências e o boca a boca aumenta.

Uma vez que os produtos são tangíveis e heterogéneos, podem ser medidos. Como os serviços são imateriais, heterogéneos e inseparáveis, é difícil medi-los. Se não há nada para medir, como é que a qualidade do serviço pode ser avaliada e medida? No sector dos serviços, a perceção do consumidor mostra o nível de qualidade do serviço. O juízo do consumidor sobre a qualidade global de um serviço é a qualidade percepcionada. A qualidade percebida do serviço é o grau de desvio entre as percepções dos consumidores e as suas expectativas. A qualidade deve ser vista tal como se manifesta e percebida tal como é esperada.

É difícil medir a qualidade do serviço no sector da saúde. A SERVQUAL é uma escala abrangente para avaliar a qualidade do serviço nos hospitais. A perceção dos doentes é um indicador importante da qualidade do serviço nos estabelecimentos de saúde. É o nível de satisfação com base no qual os doentes preferem um determinado hospital.

Revisão da literatura

Conceito de qualidade do serviço

Uma pessoa ou grupo que é o beneficiário direto de um produto, serviço ou projeto é designado por cliente. Se as expectativas de um cliente forem satisfeitas ou excedidas por uma empresa ao longo do tempo, esse cliente está satisfeito. Os clientes satisfeitos são leais e têm uma relação positiva com a sua organização (Appannan, Doraisamy, & Hui, 2013; Cacioppo, 2000).

Um serviço é um processo em que uma série de actividades intangíveis são realizadas entre o cliente e os empregados da organização ou bens ou sistemas tangíveis fornecidos pela organização como uma solução. A qualidade do serviço é uma apreciação ou atitude global em relação a um determinado serviço. [4]A impressão global que o cliente tem de uma organização e do seu serviço é designada por qualidade do serviço (Gronroos, 2000; Ismail, Yusof, & Ikhsan, 2000).

Todos os serviços são compostos por intangibilidade, inseparabilidade, variabilidade e transitoriedade (Mudie & Pirrie, 2006)

- Inviolabilidade

A intangibilidade é uma caraterística essencial do serviço. Os serviços não podem ser contados, testados, verificados e inventariados antes de serem vendidos. As empresas têm muita dificuldade em saber como é que os clientes avaliam os seus serviços e julgam a qualidade dos mesmos.

- Inseparabilidade (ou produção e consumo simultâneos)

Existe uma diferença clara entre bens materiais e serviços em termos de processamento desde a produção até ao consumo.

Os bens físicos passam da produção para o armazenamento, do armazenamento para a venda e, finalmente, da venda para o consumo. Os serviços são vendidos uma vez, produzidos e consumidos ao mesmo tempo.

- Variabilidade (ou heterogeneidade)

Devido à produção e utilização simultâneas de serviços, há flutuações nas consequências. A qualidade dos serviços depende do prestador de serviços, do tempo e da forma como o serviço é prestado.

- Perecibilidade

Os serviços não têm a caraterística de serem

perecíveis. Os serviços não são armazenados para utilização ou venda posterior. Se a procura de serviços exceder a oferta, esta não pode ser satisfeita. Do mesmo modo, se a capacidade dos serviços exceder a procura de serviços, perde-se a receita e/ou o valor desses serviços.

No mundo atual dos negócios, a qualidade do serviço dá às empresas uma vantagem competitiva sobre os seus rivais. Com base na qualidade do serviço, uma organização pode diferenciar-se das outras empresas. As organizações ganham vantagem competitiva através da qualidade do serviço.

Dimensões da qualidade do serviço

Existem provas das diferentes dimensões da qualidade do serviço que são relevantes para a satisfação do cliente. São onze as dimensões da qualidade do serviço: fiabilidade, capacidade de resposta, competência, acesso, cortesia, comunicação, credibilidade, garantia, especialização, compreensão do cliente e tangíveis. O estudo de investigação conclui igualmente que a qualidade do serviço é composta por cinco dimensões (Berry, Zeithaml, & Parasuraman, 1985; Parasuraman, Zeithaml, & Berry, 1985; Zeithaml, Bitner, & Gremler, 1996).

1. Tangíveis

A dimensão material compreende a aparência do equipamento, do pessoal, do material e das instalações.

2. Fiabilidade

O que está em causa é a forma precisa e descoordenada como os serviços são prestados.

3. Capacidade de resposta

Esta dimensão mede a atitude e o comportamento do pessoal e a rápida prestação de serviços.

4. seguro

As dimensões da segurança fornecem informações sobre o nível de conhecimentos e de cortesia do pessoal e sobre a sua capacidade de inspirar os doentes e de lhes incutir confiança.

5. Empatia

Os cuidados e o apoio prestados aos doentes pelo pessoal do

hospital são avaliados com base na dimensão da empatia.

Os resultados da investigação de vários estudos mostram resultados diferentes no que respeita à classificação das dimensões da qualidade do serviço. Há provas de que a tangibilidade e a empatia são as dimensões mais importantes da qualidade do serviço nos Emirados Árabes Unidos. A fiabilidade é a mais importante e a tangibilidade a menos importante para as pessoas no Irão e no Qatar (Abdullah & Kassim, 2009; Al-Tamimi & Al-Amiri, 2003; Golmohammadi & Jahandideh, 2010; Hossain & Leo, 2009).

Qualidade dos serviços no sector da saúde

Tendo em conta a crescente concorrência no sector dos cuidados de saúde, a qualidade do serviço e a satisfação dos doentes têm atraído muita atenção na investigação. A qualidade do serviço tem um impacto direto na rentabilidade e na reputação de uma organização de cuidados de saúde. A qualidade do serviço está diretamente relacionada com o "boca a boca" e desempenha um papel importante na decisão de escolher um determinado estabelecimento de saúde (Andaleeb, 2001; Donabedian, 1980; Williams & Calnan, 1991).

A fim de satisfazer as expectativas dos pacientes em todos os aspectos, é essencial determinar os factores-chave da qualidade do serviço que são importantes para aumentar a satisfação. Os factores determinantes da qualidade do serviço facilitam o tratamento das queixas dos doentes. Em última análise, isto reduz o tempo e os custos da organização de cuidados de saúde. Uma escala desenvolvida por Parasuraman et al. (1985), conhecida como SERVQUAL, é composta por 22 itens e é considerada válida e fiável para medir cinco dimensões da qualidade do serviço no sector dos cuidados de saúde (Pakdil & Harwood, 2005; Parasuraman et al., 1985; Wong, 2002).

Qualidade dos serviços e hospitais no Paquistão

A República Islâmica do Paquistão é um Estado-providência e uma das responsabilidades mais importantes do governo consiste em satisfazer as necessidades básicas da vida, incluindo a alimentação, o alojamento, o vestuário, a saúde e a educação. O Governo do Paquistão dispõe de um sistema global de prestação de cuidados de saúde aos seus cidadãos. O sistema de prestação de cuidados de saúde no Paquistão é uma mistura de sectores de cuidados de saúde públicos, privados e informais. As pessoas optam por uma destas formas em função do seu poder de compra, do seu nível de satisfação e da sua vontade (Nishtar, 2009; Sabih et al., 2010).

Os estudos revelam que 80% da população recorre a serviços de saúde privados e/ou informais. 52% deste grupo utiliza os serviços de hospitais privados. É muito estranho saber que 50% da população não gosta dos serviços dos hospitais públicos no Paquistão. (Demografia, 2013)

As pessoas preferem recorrer a estabelecimentos de saúde privados por várias razões. Estas razões incluem a ausência do pessoal ao serviço, a falta de pessoal profissional, o fornecimento de medicamentos essenciais e a falta de empenhamento do pessoal. Outros factores, como um planeamento deficiente, uma dotação orçamental mínima, infra-estruturas deficientes e razões políticas, contribuem para o mau desempenho dos hospitais públicos. 0,55% do PIB é afetado ao sector da saúde no Paquistão (Ahmed & Shaikh, 2008; Mushtaq, Gull, Shad, & Akram, 2011).

Os doentes estão menos satisfeitos com os serviços prestados pelos hospitais públicos, o que significa que a utilização dos seus serviços está a diminuir. Esta insatisfação verifica-se entre pessoas de todos os níveis de rendimento. Devido à concorrência feroz no sector dos cuidados de saúde, a gestão dos hospitais está preocupada com a qualidade dos serviços e com os seus determinantes na sua jurisdição (Shaikh, Mobeen, Azam, & Rabbani, 2008).

Qualidade dos serviços e hospitais no Reino Unido

Os cuidados de saúde são um domínio descentralizado no Reino Unido. A Inglaterra, a Irlanda do Norte, o País de Gales e a Escócia têm os seus próprios sistemas de saúde, que são apoiados pelos respectivos governos e respondem perante eles. Existem diferenças entre os seus sistemas devido a prioridades e estratégias distintas. Para além destas diferenças, o desempenho do NHS é medido para permitir uma comparação internacional.

O sistema de saúde do Reino Unido foi classificado como o melhor sistema do mundo desenvolvido em termos globais e nos domínios da qualidade dos cuidados, da eficiência, da equidade e do acesso aos cuidados. No relatório anual de 2015 do Euro Health Consumer Index, o Reino Unido foi criticado pelo seu fraco acesso aos cuidados de saúde e pela sua gestão autocrática. [th]O Reino Unido está classificado em 14.º lugar entre 35 países neste relatório. No entanto, este índice de saúde tem sido criticado até por investigadores académicos. A despesa pública total do Reino Unido com os cuidados de saúde em 2013 foi de 8,55 do PIB, o que é significativamente inferior à dos EUA (16,4%), da Suíça (11,1%), dos Países Baixos (11,1%), da Alemanha (11,0%) e da França (10,9%) (Araja & Kolves; Karen Davis, Stremikis, Schoen, & Squires, 2015; K Davis, Stremikis, Squires, & Schoen, 2014; Oliver, 2016).

Os médicos de clínica geral trabalham no SNS e são responsáveis pela prestação de cuidados de saúde primários à população. Os hospitais, por sua vez, prestam outros serviços aos doentes, desde o tratamento psiquiátrico até aos serviços de urgência. Existem farmácias privadas que fornecem os medicamentos prescritos, de acordo com o seu contrato com os serviços de saúde competentes. Se os doentes necessitarem de transporte especializado para regressar a casa, o NHS disponibiliza um serviço de ambulâncias gratuito. Existem serviços de ambulância voluntários no Reino Unido (British Red Cross, St Andrews Ambulance Association e St John Ambulance). O Scottish Ambulance Service (Serviço Escocês de Ambulâncias) está disponível se for necessário transporte aéreo na Escócia. Os dentistas só podem cobrar aos pacientes do NHS as taxas estabelecidas para cada país.

Há estudos que mostram que o Reino Unido tem um desempenho excecionalmente fraco no tratamento de doenças. Os hospitais do Reino Unido têm falta de pessoal e estão mal equipados. O Reino Unido precisa de mais 75 000 médicos e enfermeiros para atingir os padrões dos países concorrentes. As taxas de sobrevivência no Reino Unido são a 21ª de 23 países para o cancro do colo do útero, a 20ª de 23 países para o cancro da mama e do intestino e a 19ª de 31 países para o AVC.

Análise de lacunas

Não existem provas de um estudo comparativo da qualidade do serviço em hospitais de países industrializados e em desenvolvimento. Este estudo compara os serviços prestados nos hospitais públicos do Reino Unido e nos hospitais privados do Paquistão. Ambos os tipos de instituições de saúde têm privilégios, ética e características únicas no seu domínio. Nesta base, é interessante examinar a forma como estes dois tipos de instituições de saúde diferem nas suas operações para prestar os melhores serviços possíveis aos seus pacientes. Enquanto nação desenvolvida, é evidente que os estabelecimentos de saúde públicos no Reino Unido prestam muito melhores serviços aos seus pacientes do que os hospitais privados no Reino Unido.

Paquistão. Os estabelecimentos de saúde privados estão sempre ávidos de dinheiro. A direção destes hospitais está sempre a tentar encontrar formas de ganhar mais com menos investimento.

Quadro teórico

Um estudo comparativo - qualidade do serviço em hospitais públicos e privados

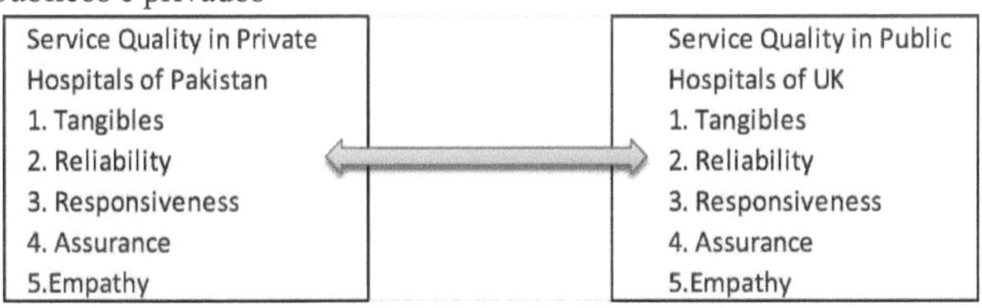

Figura 1 Comparação das dimensões da qualidade do serviço

Questões de investigação

01 . se a pontuação média das cinco dimensões da qualidade do serviço é ou não a mesma entre os hospitais públicos do Reino Unido e os hospitais privados do Paquistão?

02. Se a classificação das cinco dimensões da qualidade do serviço é ou não a mesma entre os hospitais públicos do Reino Unido e os hospitais privados do Paquistão?

03. se existem ou não semelhanças entre os hospitais públicos do Reino Unido e os hospitais privados do Paquistão nas cinco dimensões

da qualidade do serviço?

Desenvolvimento de hipóteses

1H1: Os hospitais públicos no Reino Unido são muito melhores do que os hospitais privados no Paquistão em termos de bens materiais

2H1: Os hospitais públicos no Reino Unido são mais fiáveis do que os hospitais privados no Paquistão

3H1: Os hospitais públicos no Reino Unido são mais flexíveis do que os hospitais privados no Paquistão

4H1: Os hospitais públicos do Reino Unido oferecem mais segurança aos doentes do que os hospitais privados do Paquistão

5H1: Os hospitais públicos do Reino Unido são mais compassivos do que os hospitais privados do Paquistão

Metodologia de investigação

Conceção da investigação:

Trata-se de uma investigação descritiva e inferencial que compara o nível de qualidade dos serviços dos hospitais privados do Paquistão e dos hospitais públicos do Reino Unido. Foi utilizado o Statistical Software Package for Social Sciences (SPSS) para analisar os dados recolhidos através de questionários. As técnicas de análise são os testes T para amostras independentes.

Desenvolvimento de instrumentos:

Com base no modelo SERVQUAL, a qualidade do serviço é constituída por cinco componentes: Tangibilidade, Fiabilidade, Segurança, Empatia e Capacidade de Resposta. Com algumas modificações, o questionário SERVQUAL é considerado adequado para medir a qualidade do serviço em hospitais (Caruana, 2002; Mengi, 2009; Zeithaml et al., 1996).

- Fiabilidade

A dimensão da fiabilidade foi medida com quatro itens. O valor alfa de Cronbach para a amostra no Paquistão e no Reino Unido é de 0,692 e 0,905, respetivamente.

- Capacidade de resposta

A dimensão da reatividade foi medida com quatro itens. O valor alfa de Cronbach para a amostra no Paquistão e no Reino Unido é de 0,605 e 0,748, respetivamente.

- Seguros

A dimensão da segurança foi medida com quatro itens, o alfa de Cronbach para a amostra no Paquistão e no Reino Unido é de 0,738 e 0,914, respectivamenteEmpatiaA dimensão da empatia foi medida com quatro itens, o alfa de Cronbach para a amostra no Paquistão e no Reino Unido é de 0,821 e 0,865, respetivamente.

A dimensão Tangíveis foi medida com quatro itens. O valor alfa de Cronbach para a amostra no Paquistão e no Reino Unido é de 0,774 e 0,908, respetivamente.

População e amostra

A população deste estudo é constituída por doentes que recebem aconselhamento geral ou tratamento hospitalar em hospitais públicos no Reino Unido e em hospitais privados no Paquistão.

Técnica de amostragem

Foi utilizado o método de amostragem aleatória para a recolha de dados. Os dados foram recolhidos junto dos doentes sobre os seus hospitais em Attock, Punjab, Paquistão, e Londres, Reino Unido, utilizando um questionário auto-preenchido. Os doentes expressaram as suas opiniões sobre o Hospital Khalid Saeed, o Hospital Maryam do Centro Médico de Attock e o Hospital Aljannat em Attock, no Paquistão. Os pacientes que frequentam ou são hospitalizados no King George Hospital, no Royal Northern Hospital e no Queen Elizabeth Hospital for Children para OPD deram a sua opinião sobre a qualidade do serviço prestado nestes hospitais. Foram inquiridas 250 pessoas em cada país, com uma taxa de resposta de 83,33%.

Análise dos dados e conclusões

Quadro 1 Estatísticas dos grupos

	Pak and UK	N	Mean	Std. Deviation	Std. Error Mean
Reliability	UK	25	15.5200	3.80920	.76184
	Pakistan	25	12.8400	2.71846	.54369
Responsiveness	UK	25	15.0400	3.45784	.69157
	Pakistan	25	12.2800	2.62234	.52447
Assurance	UK	25	15.8000	4.08248	.81650
	Pakistan	25	12.4800	3.20312	.64062
Empathy	UK	25	18.1667	4.41998	.90222
	Pakistan	25	15.7200	4.08779	.81756
Tangibles	UK	25	16.1200	4.02409	.80482
	Pakistan	25	13.8000	3.18852	.63770

As estatísticas do grupo mostram claramente que a qualidade média geral do serviço nos hospitais públicos do Reino Unido é superior à dos hospitais privados do Paquistão. Os doentes recebem um serviço de melhor qualidade do que nos hospitais privados do Paquistão. A garantia tem a pontuação mais elevada e a capacidade de resposta tem a pontuação média mais baixa para a qualidade do serviço nos hospitais do Reino Unido. Nos hospitais paquistaneses, a Empatia tem a pontuação média mais elevada e a Capacidade de Resposta tem a pontuação média mais baixa. Os hospitais privados do Paquistão e os hospitais públicos do Reino Unido têm ambos o mesmo desempenho, ou seja, a pontuação média mais baixa na dimensão da capacidade de resposta da qualidade do serviço. A cidade de Londres é considerada o centro económico do mundo. Os hospitais públicos do Reino Unido têm os professores e especialistas mais qualificados do mundo. Estes hospitais estão também associados às melhores escolas de medicina do Reino Unido. Este facto aumentou a confiança dos doentes. Existem estudos significativos sobre a falta de pessoal no sector dos cuidados de saúde no Reino Unido. Os doentes preferem visitar os hospitais privados em qualquer parte do Paquistão, mas os médicos experientes e qualificados aproveitam-se deste cenário, chegam muitas vezes atrasados às suas clínicas e os doentes são esperados. Nos hospitais privados do Paquistão, os médicos especialistas só estão normalmente disponíveis à noite, uma vez que estão ocupados em trabalhos públicos durante a manhã e quase não há médicos especialistas disponíveis em nenhum hospital. Estes factores reduziram a capacidade de resposta no sector da saúde. Por conseguinte, a qualidade do serviço nos hospitais públicos do Reino Unido é melhor do que nos hospitais privados do Paquistão.

Tabela 2 Teste com amostras independentes

Levene's Test for Equality of Variances		t-test for Equality of Means				
F	Sig.	t	df	Sig. (2-tailed)	Mean Difference	Std. Error Difference

Reliability	Equal variances assumed	2.054	.158	2.863	48	.006	2.68000	.93595
	Equal variances not assumed			2.863	43.411	.006	2.68000	.93595
Responsiveness	Equal variances assumed	1.463	.232	3.180	48	.003	2.76000	.86795
	Equal variances not assumed			3.180	44.745	.003	2.76000	.86795
Assurance	Equal variances assumed	.212	.647	3.199	48	.002	3.32000	1.03782
	Equal variances not assumed			3.199	45.428	.003	3.32000	1.03782
Empathy	Equal variances assumed	.003	.954	2.013	47	.050	2.44667	1.21557
	Equal variances not assumed			2.010	46.338	.050	2.44667	1.21754
Tangibles	Equal variances assumed	.187	.667	2.259	48	.028	2.32000	1.02684
	Equal variances not assumed			2.259	45.616	.029	2.32000	1.02684

For reliability, value of Levene's test shows $p - values = 0.158 >$ 0,05, o que é insignificante, pelo que a variância da fiabilidade é a mesma para o Reino Unido e o Paquistão. O teste T do Quadro 2 para amostras independentes mostra o valor frequentemente = 2,863, *df* = 48 *e p - valor* = 0,006 < 0,05. Por conseguinte, o nível de fiabilidade da qualidade do serviço nos hospitais públicos do Reino Unido é superior ao dos hospitais privados do Paquistão e Hl é aceite.

O teste de Lavene tem *valores de p* = 0,232 > 0,05 para a capacidade de resposta, indicando uma variância igual em ambas as amostras. O quadro 2 mostra os valores *t* = 3,180, *df* = 48 *e p - valor* = 0,003 < 0,05. Por conseguinte, a fiabilidade do hospital público no Reino Unido é superior à dos hospitais privados no Paquistão. Consequentemente, H2 é aceite. Embora estes dois tenham o nível mais baixo entre as cinco dimensões da qualidade do serviço no segmento da capacidade de reação

O teste de Lavene tem *valores* p = 0,647 > 0,05, o que é insignificante. A variância é a mesma para ambas as amostras do Reino Unido e do Paquistão. Quadro 2 hast = 3,199, df = 48 *e p - valor* = 0,002 < 0,05.

Nos hospitais públicos do Reino Unido, o nível de segurança é mais elevado do que nos hospitais privados do Paquistão. Por conseguinte, a H3 é aceite. Os hospitais públicos do Reino Unido têm o nível de segurança mais elevado de entre os outros construtos da qualidade do serviço.

O quarto valor do teste de Lavene fornece valores p = 0,954 > 0,05, o que não é significativo. A variância dos dados recolhidos é a mesma para as duas amostras. A Tabela 2 , o teste de independência , mostra que o valor = 2,013, df = 47 e o valor p = 0,050 < 0,05.

De acordo com o teste de Lavene, a variância para ambos os grupos é igual asp - valores = 0,667 > 0,05. O quadro 2 mostra os valores t = 2,259, df = 48 e p - valor = 000 < 0,028. Por conseguinte, os hospitais públicos do Reino Unido têm um melhor desempenho do que os hospitais privados do Paquistão em termos de aspectos materiais. Por conseguinte, aceita-se H4.

Discussão

Os hospitais privados no Paquistão estão a esforçar-se por conquistar a maior quota de mercado em comparação com os hospitais públicos. Os hospitais privados dependem dos clientes. Os hospitais privados controlam sempre os seus constrangimentos financeiros para aumentar a rentabilidade. Esta é a principal razão para o elevado valor da empatia nos hospitais privados do Paquistão. Os hospitais privados estão muito conscientes dos seus doentes. Todo o pessoal do hospital se esforça por cuidar e apoiar os doentes para lhes criar um ambiente amigável. Os hospitais privados proporcionam um ambiente saudável, disponibilidade de enfermeiros, equipamento esterilizado, farmácia e instalações para exames médicos. A gestão dos hospitais privados utiliza mecanismos de feedback para acompanhar e controlar os procedimentos. No entanto, os condicionalismos financeiros dificultam a contratação de peritos e profissionais, pelo que o nível de segurança nos hospitais privados é o mais baixo em comparação com outros construtos da qualidade dos serviços.

O nível de segurança nos hospitais públicos do Reino Unido é mais elevado do que nos hospitais privados do Paquistão. O governo britânico está muito interessado nos cuidados de saúde no seu país, especialmente em novos projectos. O Ministério da Saúde dispõe de um grande orçamento financeiro. Os melhores profissionais e especialistas do mundo trabalham nos hospitais públicos.

Recomendações

Este estudo compara a qualidade dos serviços dos hospitais públicos da cidade de Attock, no Paquistão, com a dos hospitais públicos da capital, Londres, no Reino Unido. Attock é uma cidade muito pequena em comparação com Londres em todos os aspectos. A comparação da qualidade do serviço nos hospitais privados da capital paquistanesa Islamabad com a dos hospitais públicos de Londres, no Reino Unido, pode revelar alguns aspectos diferentes.

Pode ser realizado um estudo para analisar as diferenças na perceção da qualidade do serviço em hospitais públicos de países desenvolvidos e em desenvolvimento. Podem ser considerados vários parâmetros para analisar a sua influência na relação entre a qualidade do serviço e a satisfação do cliente.

Reconhecimento

Agradecemos muito à Sra. Saima Humayun (bolseira de investigação), que se ocupou especialmente deste estudo e nos deu um grande apoio. Foi muito difícil recolher dados no Reino Unido, mas ela facilitou-nos a tarefa. Muito obrigado à Sra. Saima Humayun.

Referências

Abdullah, A. K. M. A., & Kassim, N. M. (2009). A medição da qualidade de serviço percebida em bancos islâmicos no Qatar. *Journal for International Business and Entrepreneurship Development, 4*(1-2), 90-106.

Ahmed, J., & Shaikh, B. T. (2008). O orçamento dos cuidados de saúde no Paquistão está em mínimos históricos. *Journal of the College of Physicians and Surgeons Pakistan, 18*(6), 388.

Al-Tamimi, H. A. H., & Al-Amiri, A. (2003). Analysing service quality in the Islamic banks of the UAE (Análise da qualidade do serviço nos bancos islâmicos dos EAU). *Journal ofFinancialServices Marketing, 8*(2), 119-132.

Andaleeb, S. S. (2001). Percepções da qualidade do serviço e satisfação do paciente: um estudo de hospitais num país em desenvolvimento. *Social Science & Medicine, 52*(9), 1359-1370.

Appannan, S., Doraisamy, B., & Hui, T. X. (2013). PERCEPÇÕES DOS CLIENTES SOBRE A QUALIDADE DO SERVIÇO DOS BANCOS COMERCIAIS: UM ESTUDO DE CASO EM PENANG, MALÁSIA. *Academic Research International, 4*(5), 459.

Araja, D., & Kolves, K. Acordos de entrada gerida para novos medicamentos nos países bálticos. *TEN*, 27.

Berry, L. L., Zeithaml, V. A., & Parasuraman, A. (1985). Quality matters in services too. *Business Horizons, 28*(3), 44-52.

Cacioppo, K. (2000). Medir e gerir a satisfação do cliente. *Quality Digest, 20*(9), 4957.

Caruana, A. (2002). Service loyalty: The effects of service quality and the mediating role of customer satisfaction. *European Journal of Marketing, 36*(7/8), 811-828.

Davis, K., Stremikis, K., Schoen, C., & Squires, D. (2015). Mirror, Mirror on the Wall, 2014 Update: How the US Health Care System Compares Internationally, The Commonwealth Fund, junho de 2014.

Davis, K., Stremikis, K., Squires, D., & Schoen, C. (2014). Mirror, mirror on the wall: How the performance of the US health care system compares internationally. The Commonwealth Fund.

Demográfico, P. (2013). Inquérito de saúde 2012-13: Islamabad. *Paquistão, e Calverton, Maryland, EUA: Instituto Nacional de Estudos da População e ICF International.*

Donabedian, A. (1980). Basic approaches to Assessment: Structure, Process, and Outcome In: The Definition of Quality and Approaches to its Assessment: Explorations in Quality Assessment and Monitoring, Band Health Administration Press. *Ann Arbor, Michigan.*

Golmohammadi, A., & Jahandideh, B. (2010). Priorização das dimensões da qualidade do serviço: uma abordagem de rede neural. *Academia Mundial de Ciências, Engenharia e Tecnologia, 4*, 231236.

Gronroos, C. (2000). Marketing e gestão de serviços: uma abordagem de gestão da relação com o cliente. *European Business Review, 20*(4), 298-314.

Hossain, M., & Leo, S. (2009). Percepções dos clientes sobre a qualidade do serviço na banca de retalho no Médio Oriente: o caso do Qatar. *International Journal of Islamic and Middle Eastern Finance and Management, 2*(4), 338-350.

Ismail, M. B., Yusof, Z. M., & Ikhsan, S. O. S. S. (2000). A PARTILHA DE CONHECIMENTOS MELHORA A PRESTAÇÃO DE SERVIÇOS NO SECTOR PÚBLICO? UM ESTUDO DE CASO DE TRÊS AGÊNCIAS GOVERNAMENTAIS SELECCIONADAS.

Mengi, P. (2009). Customer satisfaction with service quality: An empirical study of public and private sector banks. *IUP Journal ofManagementResearch, 8*(9), 7.

Mudie, P., & Pirrie, A. (2006). Gestão de marketing de serviços. 3ª edição: Elsevier Ltd. Grã-Bretanha.

Mushtaq, M. U., Gull, S., Shad, M. A., & Akram, J. (2011). Correlatos sócio-demográficos do comportamento de escolha de saúde em dois distritos da província de Punjab do Paquistão. *JPMA-Journal of the Pakistan MedicalAssociation, 61* (12), 1205.

Nishtar, S. (2009). Clogged pipes: Reforming Pakistan's mixed health system: JSTOR.

Oliver, D. (2016). David Oliver: O melhor sistema de saúde. *BMJ, 353*, i1848.

Pakdil, F., & Harwood, T. N. (2005). Satisfação do paciente numa clínica de avaliação pré-operatória: uma análise utilizando as dimensões SERVQUAL. *Total Quality Management & Business Excellence, 16* (1), 15-30.

Parasuraman, A., Zeithaml, V. A., & Berry, L. L. (1985). A concetual model of service quality and its implications for future research. *theJournal of Marketing*, 41-50.

Sabih, F., Bile, K., Buehler, W., Hafeez, A., Nishtar, S., & Siddiqi, S. (2010). District health system implementation in primary health care in Pakistan: can evolving reforms increase the pace of achieving the Millennium Development Goals?

Shaikh, B., Mobeen, N., Azam, S., & Rabbani, F. (2008). Utilização do SERVQUAL para avaliar e melhorar a satisfação dos pacientes numa unidade de saúde rural no Paquistão.

Williams, S. J., & Calnan, M. (1991). Key determinants of consumer satisfaction with general practice. *Family Practice, 8*(3), 237-242.

Wong, J. C. (2002). Measuring service quality in a medical imaging department (Medir a qualidade do serviço num departamento de imagiologia médica). *International Journal of Health Care Quality Assurance, 15*(5), 206-212.

Zeithaml, V., Bitner, M., & Gremler, D. (1996). Services marketing McGraw Hill. *Nova Iorque*.

Parte 2

Uma abordagem específica por género: qualidade do serviço e lealdade do cliente

Qaisar Iqbal

Estudante de doutoramento, Faculdade de Gestão, Universiti Sains Malaysia, Malásia

Basheer Ahmad

Ciências de Gestão, Universidade IQRA, Islamabad, Paquistão

Adeel Nasim

Sucursal do banco, Soneri Bank Ltd, Rawalpindi, Paquistão

Resumo

Este estudo investiga o papel moderador do género do gerente da agência na qualidade do serviço e na fidelidade do cliente em bancos privados no Paquistão. Este estudo procura obter informações adicionais comparando a força de influência do género masculino e feminino. Os dados foram recolhidos utilizando uma técnica de amostragem conveniente de 175 inquiridos de dois grandes bancos privados através de um questionário auto-preenchido. Para analisar os dados, foi utilizado o pacote de software estatístico para as ciências sociais. Os dados foram analisados com recurso à análise de regressão e ao método de moderação de Andrew Hayes. A taxa de resposta neste estudo foi de 87,50%. Existe uma correlação significativa entre a qualidade do serviço e a lealdade do cliente. O género modera a relação entre a qualidade do serviço e a lealdade do cliente. No entanto, a influência do género masculino na relação entre a qualidade do serviço e a fidelização do cliente é superior à influência do género feminino na relação entre a qualidade do serviço e a fidelização do cliente. Os gerentes de loja do sexo masculino moderam a relação entre a qualidade do serviço e a fidelidade do cliente. A influência das mulheres não é significativa.

Os gestores de agências sobre a relação entre a qualidade do serviço e a fidelidade dos clientes. Este estudo ajudará a direção dos bancos a avaliar e a melhorar o nível de qualidade do serviço na banca de retalho, a fim de reter os clientes existentes, atrair novos clientes e reforçar a sua fidelidade.

Palavras-chave: gestor, qualidade do serviço, fidelidade do cliente, empresa privada, género, satisfação do cliente,

Autor correspondente Email:qaisarkh86@gmail.com

Introdução

A relação entre o banco e o cliente oferece a oportunidade de obter informações privilegiadas importantes sobre as necessidades da clientela, a fim de oferecer serviços mais satisfatórios. A direção pode utilizar a estratégia de marketing relacional para aumentar a fidelidade dos clientes e reduzir os custos operacionais. Os estudos mostram que o custo de aquisição e de manutenção de um novo cliente é superior ao custo de manutenção de um cliente fiel. De um ponto de vista empírico, sabe-se muito pouco sobre o papel do género. É muito importante esclarecer o papel do género em termos de qualidade do serviço e de fidelidade do cliente.

O sector dos serviços representa uma grande parte da economia mundial. O sector dos serviços está a crescer rapidamente e os bancos desempenham um papel significativo neste contexto. A concorrência no sector bancário aumentou a pressão no sentido da prestação de serviços de elevada qualidade. A análise da qualidade do serviço permite à gestão afetar recursos financeiros para melhorar o desempenho em áreas que têm um maior impacto na perceção da qualidade do serviço por parte dos clientes. Devido à concorrência global, às exigências dos clientes e às elevadas expectativas de qualidade dos produtos e serviços, existe uma forte concorrência nos vários sectores da economia global. As empresas obtêm uma vantagem estratégica através da qualidade para serem bem sucedidas e manterem-se no mercado.

A qualidade dos serviços é um fator importante na decisão dos clientes de escolherem um determinado banco. Os bancos oferecem a mesma variedade de serviços, mas a sua qualidade pode variar. Os serviços podem ter o mesmo aspeto, mas a experiência não é a mesma. Não é fácil medir se um banco cumpre ou não o nível esperado de qualidade de serviço. A qualidade do serviço é o fator mais importante para a satisfação do cliente. É necessário medir a qualidade do serviço para que a direção possa avaliar o nível de qualidade do serviço e reconhecer o potencial de melhoria. A diferenciação do produto é impossível num ambiente competitivo. A direção só pode diferenciar a sua organização dos outros concorrentes através da qualidade do serviço. Vários factores da qualidade do serviço têm um impacto significativo na atração e retenção de clientes. medida que o número de bancos na cidade aumenta, o pessoal deve prestar os seus serviços com grande cuidado. A melhoria contínua da qualidade do serviço é imperativa. O nível de qualidade do serviço muda ao longo do tempo. A administração precisa de desenvolver estratégias de satisfação do cliente para sobreviver no mercado competitivo de hoje.

Os países asiáticos são muito colectivistas. O boca-a-boca (WOM) tem, portanto, uma grande influência no marketing. Os clientes satisfeitos contam aos outros a sua experiência e o boca a boca aumenta. É melhor cuidar dos clientes actuais do que procurar novos clientes. O custo de cuidar de clientes fiéis é cinco a seis vezes inferior ao custo de cuidar de novos clientes. Os clientes fiéis dão às empresas uma vantagem em muitos aspectos;

- Os custos de serviço de um cliente fiel são mais baixos do que os de um cliente existente
- Os clientes fiéis pagam custos mais elevados por uma gama de produtos ou serviços
- Os clientes fiéis actuam como porta-vozes da empresa

Uma vez que os produtos são tangíveis e heterogéneos, podem ser medidos. Como os serviços são imateriais, heterogéneos e inseparáveis, é difícil medi-los. Se não há nada para medir, como é que a qualidade do serviço pode ser avaliada e medida? No sector dos serviços, a perceção do consumidor mostra o nível de qualidade do serviço. O juízo do consumidor sobre a qualidade global de um serviço é a qualidade percepcionada. A qualidade percebida do serviço é o grau de desvio entre as percepções dos consumidores e as suas expectativas. A qualidade deve ser vista tal como se manifesta e percebida tal como é esperada. A SERVQUAL é uma escala abrangente para avaliar a qualidade do serviço no sector bancário. A perceção do cliente é um indicador importante da qualidade do serviço. É o nível de satisfação com base no qual os clientes preferem um determinado banco.

Revisão da literatura

Conceito de qualidade do serviço

Uma pessoa ou grupo que é o beneficiário direto de um produto, serviço ou projeto é designado por cliente. Se as expectativas de um cliente forem satisfeitas ou excedidas por uma empresa ao longo do tempo, esse cliente está satisfeito. Os clientes satisfeitos são leais e têm uma relação positiva com a sua organização (Appannan, Doraisamy, & Hui, 2013; Cacioppo, 2000).

Um processo em que uma série de actividades intangíveis são realizadas entre o cliente e os empregados da organização ou bens tangíveis ou sistemas da organização que são fornecidos como uma solução é designado por serviço. A qualidade do serviço é uma apreciação ou atitude global relativamente a um determinado serviço. A impressão global que o cliente tem de uma organização e do seu serviço é designada por qualidade do serviço (Gronroos, 2000; Ismail, Yusof, & Ikhsan, 2000).

Todos os serviços são compostos por intangibilidade, inseparabilidade, variabilidade e transitoriedade (Mudie & Pirrie, 2006)

- Inviolabilidade

A intangibilidade é uma caraterística essencial do serviço. Os serviços não podem ser contados, testados, verificados e inventariados antes de serem vendidos. As empresas têm muita dificuldade em saber como é que os clientes avaliam os seus serviços e julgam a qualidade dos mesmos.

- Inseparabilidade (ou produção e consumo simultâneos)

Existe uma diferença clara entre bens

materiais e serviços em termos de processamento desde a produção até ao consumo.

Os bens físicos passam da produção para o armazenamento, do armazenamento para a venda e, finalmente, da venda para o consumo. Os serviços são vendidos uma vez, produzidos e consumidos ao mesmo tempo.

- Variabilidade (ou heterogeneidade)

Devido à produção e utilização simultâneas de serviços, há flutuações nas consequências. A qualidade dos serviços depende do prestador de serviços, do tempo e da forma como o serviço é prestado.

- Perecibilidade

Os serviços não têm a caraterística da transitoriedade. Os serviços não são armazenados para utilização ou venda posterior. Se a procura de serviços exceder a oferta, esta não pode ser satisfeita. Se a capacidade dos serviços exceder a procura, perde-se a receita e/ou o valor desses serviços.

No mundo atual dos negócios, a qualidade do serviço dá às empresas uma vantagem competitiva sobre os seus rivais. Com base na qualidade do serviço, uma organização pode diferenciar-se das outras empresas. As organizações obtêm vantagens competitivas através da qualidade do serviço.

Os resultados da investigação de vários estudos mostram resultados diferentes no que respeita à classificação das dimensões da qualidade do serviço. Há provas de que a tangibilidade e a empatia são as dimensões mais importantes da qualidade do serviço nos Emirados Árabes Unidos. A fiabilidade é a mais importante e a tangibilidade a menos importante para as pessoas no Irão e no Qatar (Abdullah & Kassim, 2009; Al-Tamimi & Al-Amiri, 2003; Golmohammadi & Jahandideh, 2010; Hossain & Leo, 2009).

Qualidade do serviço e fidelidade do cliente no sector bancário

O sector bancário desempenha um papel importante no desenvolvimento económico de qualquer país. O sector bancário do

Paquistão registou um crescimento excecional nas últimas duas décadas. A privatização dos bancos criou um sistema bancário forte. Os bancos do Paquistão mantiveram-se resistentes e fortes durante a crise financeira mundial de 2008-2009. A entrada de bancos privados aumentou a concorrência no sector bancário - de bancos estrangeiros, privados e do sector público. A investigação demonstra que a informatização tem um impacto significativo na satisfação dos clientes. Dados/Informação. Para competir com os bancos estrangeiros, os bancos paquistaneses têm de investir em tecnologias que reduzam os seus custos operacionais, melhorem o serviço ao cliente, a retenção, a lealdade e a rendibilidade. As estratégias de marketing dependem das características do comportamento dos clientes. Hoje em dia, os clientes procuram a venda ao domicílio, que está a ser prosseguida pelos bancos do sector privado com consultores bancários pessoais, enquanto os bancos do sector público continuam a utilizar a ferramenta das agências bancárias. Há estudos que mostram que os bancos ainda não são capazes de alcançar uma excelente qualidade de serviço. Os bancos precisam de incutir confiança nos seus clientes (Singh & Arora, 2011; Srivastava & Chatterjee, 2009).

Os empregados bancários são uma parte importante de qualquer sistema bancário. Os empregados bancários prestam serviços, pelo que o seu papel tem um impacto significativo na perceção da qualidade do serviço por parte dos clientes. A direção deve utilizar estratégias de motivação para permitir que os empregados dêem o seu melhor. A formação e o desenvolvimento dos empregados desempenham um papel importante na satisfação dos clientes. Atualmente, o mundo tornou-se uma aldeia global que oferece uma vasta gama de produtos aos clientes. Os bancos paquistaneses devem lançar produtos flexíveis para que possam ser personalizados rapidamente (Mishra & Suar, 2010).

A lealdade é definida como um estado de espírito, um conjunto de atitudes e crenças que dependem do estado de espírito e dos comportamentos associados. A troca de informações desempenha um papel importante entre a mentalidade e o comportamento. Os clientes fiéis fornecem informações aos prestadores de serviços porque confiam neles (Foss & Stone, 2001).

Com base em duas dimensões - atitude relativa e comportamento

Attitude– – – – – – – – – – – – – –→

Spurious loyalty	Loyalty
No loyalty	Latent loyalty

↑Repeat Patronage

repetido - a lealdade foi dividida em quatro categorias: Lealdade, Lealdade Latente, Falsa Lealdade e Sem Lealdade (Dick & Basu, 1994).

A tipologia acima descrita revelou-se adequada para o sector da banca de retalho. Existe uma elevada probabilidade de um cliente fidelizado fazer negócios com o seu banco principal e uma baixa probabilidade de se recusar a sair. À medida que a fidelidade aumenta, um banco de retalho reduz os seus custos operacionais, aumenta a sua rentabilidade e proporciona oportunidades de vendas cruzadas e de novos produtos e serviços. Se um cliente for considerado mau num sector, uma organização que seja melhor do que má pode gerar lealdade (Garland & Gendall, 2004; Levesque & McDougall, 1996).

Relação entre a qualidade do serviço e a fidelidade do cliente

A qualidade do serviço e a satisfação do cliente são factores preditivos da fidelidade do cliente. Existe uma correlação positiva entre a qualidade do serviço, a satisfação do cliente e a fidelização do cliente. A capacidade de resposta da satisfação do cliente tem a maior importância para a satisfação do cliente. Existem resultados de investigação que comprovam uma relação positiva entre as dimensões da qualidade do serviço e a satisfação do cliente. A satisfação do cliente está positivamente relacionada com a lealdade do cliente (Caruana, 2002; Johnston, 1997; Tariq & Moussaoui, 2009; Veloutsou, Daskou, & Daskou, 2004).

Há estudos sobre a cadeia de lucro dos serviços que demonstram uma relação forte e direta entre a rentabilidade, a fidelidade do cliente, a satisfação do cliente, o valor do serviço e dos bens entregues, a fidelidade dos empregados, a sua satisfação e produtividade (Heskett, Sasser, & Schlesinger, 1997).

Género

A investigação tem-se baseado na teoria da socialização, na teoria do autoconceito, na psicologia evolutiva e na teoria dos papéis sociais para compreender o papel do género. Existem estudos sobre a influência direta do género na qualidade do serviço, na satisfação do cliente, na lealdade e nas percepções de justiça. O género também desempenha um papel de moderador entre a satisfação e a lealdade (Anderson, Pearo, & Widener, 2008; Fournier, 1998; Ganesan-Lim, Russell-Bennett, & Dagger, 2008; Grewal, Baker, Levy, & Voss, 2003; McColl-Kennedy, Daus, & Sparks, 2003; Mittal & Kamakura, 2001; Noble, Griffith, & Adjei, 2006; Patterson, 2007; Snipes, Thomson, & Oswald, 2006).

De acordo com a teoria da socialização, os homens têm um horário estruturado e pressão de tempo, pelo que consideram os intervalos de tempo muito importantes, enquanto as mulheres são mais susceptíveis de avaliar mal os intervalos de tempo do que os homens. De acordo com a teoria dos esquemas de género, os homens têm uma abordagem agressiva e analítica, assumem riscos e são ambiciosos, enquanto as mulheres tendem a ser colaborativas nas suas actividades e objectivos. Os esquemas masculinos têm objectivos mais individualistas do que os esquemas femininos. A teoria dos papéis sociais e a psicologia evolutiva sugerem que os homens assumem mais riscos do que as mulheres; as mulheres permanecem leais ao seu empregador, mas estão menos satisfeitas do que os esquemas masculinos. A teoria dos esquemas de género afirma que os sexos aprendem comportamentos opostos em resultado do processamento de esquemas específicos de cada género. A teoria do autoconstruído afirma ainda que os homens se vêem a si próprios como independentes, enquanto as mulheres se vêem sempre inerentemente como parte de um grupo com interdependência; os homens são criados como instrumentais e orientados para objectivos, enquanto as mulheres têm características comunitárias, ou seja, relações sociais). (Bem, 1981; Cross & Madson, 1997; Evanschitzky & Wunderlich, 2006; Grewal et al, 2003; Lacobucci & Ostrom, 1993)

As mulheres estão centradas no coletivo, razão pela qual estão mais ligadas aos outros. Como estão orientadas para as relações sociais, as mulheres são profundamente subjectivas quando se trata de interação pessoal com o pessoal de vendas. Por outro lado, os homens vêem-se a si próprios como independentes e, por isso, preocupam-se com os seus objectivos individualistas. As mulheres concentram-se na interação com o pessoal, enquanto os homens dão prioridade ao resultado. Por conseguinte, pensa-se que o género modera a relação entre a qualidade do serviço e a fidelidade do cliente. (Cross & Madson, 1997; Danaher, 1998)

As características de socialização das mulheres levam-nas a concentrarem-se nos processos das dimensões da qualidade do serviço. As mulheres ficam muito mais insatisfeitas do que os homens quando os seus empregados apresentam um comportamento negativo ou não cumprem os procedimentos operacionais normalizados. Os homens são selectivos por natureza, enquanto as mulheres tendem a ser inclusivas. Por conseguinte, presume-se que as mulheres estão mais preocupadas com as interacções entre os empregados.

no sector dos serviços (Darley & Smith, 1995; Gilligan, 1982; Mattila, Grandey, & Fisk, 2003).

Género, gestão e construção de relações

Uma extensa revisão da literatura sugere que as mulheres estão mais preocupadas com uma abordagem comunitária do que os homens, devido à sua necessidade de pertença pessoal e de relações harmoniosas com os outros. As mulheres recomendam que um teste de valores interpessoais inclua tanto o eu como os outros, enquanto os homens preferem itens centrados apenas no eu. Existem estudos sobre os traços de personalidade das mulheres que estão altamente associados às competências de vendas em comparação com os dos homens, revelando a sua empatia (feminina) e sensibilidade para com os outros. A literatura sobre gestão de vendas sugere que as mulheres valorizam mais os aspectos interpessoais e sociais do seu trabalho, enquanto os homens se orientam mais para a carreira. As mulheres têm relações interpessoais fortes em comparação com os homens. A literatura afirma que as mulheres têm uma maior influência na qualidade do serviço e na fidelidade do cliente do que os homens (Carlson, 1972; Fournier, 1998; O'Leary, 1974; Palmer & Bejou, 1995; Watts, Messe, & Vallacher, 1982).

Análise de lacunas

Uma extensa revisão da literatura revelou que existe uma investigação muito limitada sobre o papel do género em relação ao comportamento dos clientes. Este estudo procura alargar os conhecimentos sobre o papel do género na qualidade do serviço e na fidelização do cliente. O objetivo deste estudo é descobrir a influência do género na associação entre a qualidade do serviço e a fidelidade do cliente na banca de retalho paquistanesa e identificar implicações importantes para a gestão no sentido de atrair e manter clientes fiéis.

Quadro teórico

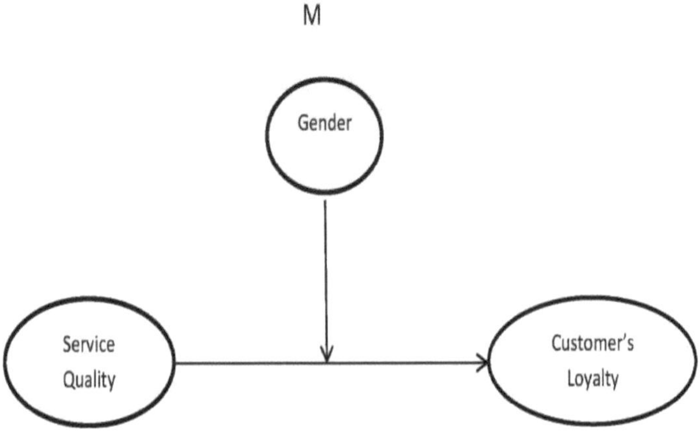

Ilustração (1)

Questões de investigação

Como é que a qualidade do serviço promove a fidelidade do cliente no sector retalhista do Paquistão?

Q2. Que influência tem o género do gerente da loja na relação entre a qualidade do serviço e a fidelidade do cliente?

Hipótese de investigação

1H1: A qualidade do serviço aumenta significativamente a fidelidade do cliente

2H1: O género modera a relação entre a qualidade do serviço e a fidelização do cliente

3H1: O género feminino modera mais fortemente a relação entre a qualidade do serviço e a lealdade do cliente do que o género masculino.

Metodologia de investigação

Conceção da investigação

Foi efectuada uma análise de regressão múltipla para examinar os efeitos da qualidade do serviço na fidelidade do cliente. A metodologia de Andrew Hayes foi utilizada para analisar a influência moderadora do género. O software Statistical Package for Social Sciences (SPSS) foi utilizado para analisar os dados deste estudo.

A população deste estudo é constituída por clientes que utilizam os serviços de todos os bancos privados em Peshawar e Attock City, Punjab, Paquistão. Foi utilizado o método de amostragem aleatória para a recolha de dados. Foram enviados questionários auto-administrados a 200 clientes de dois grandes bancos privados, o MCB Bank Ltd e o Habib Bank Ltd. A taxa de resposta neste estudo foi de 87,50%.

Desenvolvimento de instrumentos

As variáveis foram medidas através de instrumentos já publicados em revistas internacionais. Foi realizado um teste piloto para verificar a fiabilidade destes instrumentos através do valor alfa de Cronbach. Após um breve

Após a modificação, estes instrumentos foram partilhados com 200 inquiridos. Após a recolha de dados, foi efectuada uma nova análise de fiabilidade antes da avaliação final.

Qualidade dos serviços

A qualidade do serviço e as suas cinco dimensões foram medidas utilizando um instrumento previamente desenvolvido, o modelo SERVQUAL, que foi proposto por Parasuraman, Zeithaml e Berry (1985). O valor alfa de Cronbach da qualidade do serviço é de 0,920.

Coefficients[a]

Model		Unstandardized Coefficients		Standardized Coefficients	t	Sig.
		B	Std. Error	Beta		
1	(Constant)	4.402	.900		4.889	.000
	Service quality	.108	.016	.466	6.778	.000

Fidelidade do cliente

A lealdade do cliente foi medida utilizando o instrumento proposto por Caruana (2002), que tem um valor de 0,660 para o alfa de Cronbach.

Género

O género foi considerado como uma variável categórica. Neste estudo, o papel do gerente de loja é considerado como género.

Model	R	R Square	Adjusted R Square	Std. Error of the Estimate
1	.466[a]	.217	.212	2.55405

a. Predictors: (Constant), Service quality

ANOVA[a]

Model		Sum of Squares	df	Mean Square	F	Sig.
1	Regression	299.721	1	299.721	45.947	.000[b]
	Residual	1082.850	166	6.523		
	Total	1382.571	167			

Análise de dados

a. Variável dependente: Fidelidade do cliente

b.

A análise de regressão mostra que *R-quadrado = 0,*217 *Estatística F* = 45,947, β = Isto leva à conclusão de que a qualidade do serviço tem uma influência significativa na lealdade do cliente. Consequentemente, a hipótese 1H1 é aceite. β

```
**************************************************************************
**
Outcome: CL

Model Summary
  R        R-sq       MSE         F        df1        df2         p
 .5550     .3081    5.8332    24.3397    3.0000   164.0000     .0000

Model
             coeff        se          t          p       LLCI      ULCI
constant   -4.3880    2.7448    -1.5986     .1118   -9.8077    1.0317
Gender      6.7054    1.8130     3.6985     .0003    3.1256   10.2852
SQ           .2328     .0505     4.6133     .0000     .1332     .3325
int_1       -.0954     .0319    -2.9931     .0032    -.1583    -.0325

Interactions:

 int_1    SQ          X     Gender

R-square increase due to interaction(s):
         R2-chng          F       df1        df2          p
int_1      .0378     8.9584    1.0000   164.0000      .0032

**************************************************************************
*

Conditional effect of X on Y at values of the moderator(s):
Gender      Effect         se          t          p       LLCI       ULCI
1.0000       .1374      .0226     6.0831      .0000      .0928      .1820
2.0000       .0420      .0225     1.8688      .0634     -.0024      .0864

------ END MATRIX -----
```

Esta tabela mostra que os valores do coeficiente se tornam negativos quando o género está presente. Os seguintes valores resultam da análise dos dados acima β = -.0954, *Я quadrado* = .3081 *e* β = .0032 β .05. Consequentemente, o género modera a relação entre a qualidade do serviço e a lealdade do cliente. Portanto, 2H1 é aceite.

A análise dos dados mostra igualmente que o valor do coeficiente P é mais elevado e significativo para o género masculino do que para o género feminino, sendo β = 0,0634 > 0,05, o que não é significativo. Por conseguinte, rejeita-se a hipótese 3H1.

Conclusão

Este estudo conclui que a qualidade do serviço tem uma forte influência na lealdade do cliente, tornando essencial que a direção do banco considere as cinco dimensões da qualidade do serviço para poder competir. Em segundo lugar, este estudo também afirma o papel moderador do género. O efeito do género feminino na associação entre a qualidade do serviço e a fidelização dos clientes não é significativo. Poderão existir razões para o impacto não significativo do género feminino, tendo em conta a mentalidade básica dos residentes da área onde o estudo foi realizado. Os residentes de Attock e Peshawar não gostam de ter contacto com funcionárias. São muito rigorosos para com as suas mulheres em termos de véu e de interação no exterior. Dificilmente permitem que as suas mulheres saiam à rua ou trabalhem em escritórios. O género masculino desempenha um papel moderador, reforçando a relação entre a qualidade do serviço e a fidelidade do cliente. Os clientes consideram muito agradável interagir e comunicar com os gerentes de loja do sexo masculino, o que reforça a fidelidade dos clientes. Os gerentes de balcão do sexo masculino têm facilidade em controlar os seus colegas e subordinados do sexo masculino na execução das suas tarefas diárias. O trabalho nos bancos implica longas horas de trabalho, pelo que os homens podem sacrificar o seu tempo familiar para cumprir os seus compromissos profissionais. Por conseguinte, os gestores de agências do sexo masculino também aumentam o nível de qualidade do serviço.

Discussão

Quando os empregados bancários prestam os seus serviços como prometido e resolvem os problemas de forma eficiente e eficaz, a curva de fiabilidade aumenta. [4]Foi encontrada uma forte relação positiva entre a fiabilidade e a fidelidade do cliente. Os gestores devem procurar estratégias de melhoria contínua dos processos, como o Six Sigma e o Lean Six Sigma, para melhorar o nível de fiabilidade da qualidade dos serviços nas suas operações.

Quando os empregados são capazes de compreender as necessidades individuais dos clientes e de lhes dar uma atenção personalizada, o sentimento de empatia aumenta. Atualmente, num mundo competitivo, os clientes procuram um elevado nível de interação e serviços bancários personalizados. Para demonstrar a lealdade dos clientes, é imperativo que a direção do banco implemente programas de desenvolvimento de capacidades para o pessoal de atendimento e garanta a disponibilidade de pessoal suficiente. A empatia tem-se revelado um forte fator de previsão da satisfação do cliente (Ladhari, 2009). As cinco dimensões da qualidade dos serviços têm uma importância e um valor diferentes em função do estatuto do país, ou seja, se é desenvolvido ou não (Iqbal & Hassan, 2016).

As pessoas estão sempre à procura de um ambiente amigável. Os clientes gostam de fazer negócios onde encontram funcionários simpáticos e um ambiente agradável. Os clientes preferem ir a um banco onde o pessoal está disposto a ajudá-los nas suas necessidades bancárias diárias. Este estudo encontrou uma correlação não significativa entre a confiança e a fidelidade do cliente na banca de retalho. A origem da confiança reside essencialmente no grau de confiança depositado nos funcionários do banco, de modo a que estes tenham a certeza de que podem prestar os serviços desejados. Um menor nível de confiança na competência dos empregados conduz a um menor nível de confiança. As razões para a relação não significativa entre o nível de confiança e a fidelidade dos clientes podem ser a força destes dois bancos, o nível de disciplina e reputação no mercado e a estratégia da direção para promover a imagem do banco juntamente com os empregados individuais, a rotação do pessoal num curto intervalo de tempo e as estratégias de melhoria contínua dos processos.

No sector dos serviços, os indicadores materiais são de grande valor para a avaliação da qualidade do serviço. Foi demonstrado que a qualidade do serviço se correlaciona positivamente com a satisfação do cliente. As dimensões tangíveis incluem as instalações do banco, o vestuário dos empregados bancários e o ambiente de trabalho. A fiabilidade tem a maior influência na lealdade dos clientes do MCB Bank e do Habib Bank no Paquistão, enquanto a capacidade de resposta tem a menor influência.

Implicações para a prática de marketing nas empresas

O estudo sugere que os clientes esperam que os seus bancos cumpram as suas promessas e procuram bancos onde o pessoal esteja disposto a ajudá-los a prestar os seus serviços prontamente e a dar atenção individual a cada cliente. Por conseguinte, a compreensão da relação empregado-cliente é de grande utilidade para o sector bancário paquistanês.

Ao aplicar o conceito de banco pessoal, a direção deve avaliar os produtos e serviços esperados e garantir a disponibilidade atempada desses serviços. O departamento de RH de um banco pode desempenhar o seu papel na melhoria da qualidade do serviço, organizando programas de formação de acordo com as necessidades individuais e comunicando a importância da qualidade do serviço nas várias unidades funcionais. Os programas de formação devem centrar-se principalmente na comunicação interpessoal e no atendimento ao cliente. Se os empregados de um banco tratarem as queixas dos clientes de forma enérgica, tanto a satisfação como a tolerância dos clientes aumentarão, conduzindo, em última análise, a uma maior fidelização dos clientes.

A gestão dos bancos deve aplicar uma estratégia de programas de contacto com os clientes que sejam úteis para avaliar as dificuldades dos clientes no relacionamento com as instituições financeiras. A direção do banco deve ter em conta a importância dos clientes internos e externos ao analisar os factores que conduzem à satisfação e à insatisfação. O desconhecimento da vertente cliente conduz a uma degradação da qualidade do serviço.

Restrições

No presente documento, a associação é analisada apenas na perspetiva dos clientes de grandes bancos privados, ou seja, o Habib Bank Ltd. e o MCB Bank Ltd. Podem também ser recolhidos dados de clientes de pequenos bancos privados e de bancos estrangeiros para resolver o problema da generalização. Devido a limitações de tempo, foram analisados dados de 175 inquiridos. Ao aumentar o tamanho da amostra, o estudo pode mostrar uma imagem mais ampla da qualidade do serviço no sector bancário do Paquistão. Algumas variáveis intervenientes, como a taxa de juro e as taxas de serviço, podem ser analisadas para verificar o seu papel mediador na associação entre a qualidade do serviço e as referências dos clientes.

Abdullah, A. K. M. A., & Kassim, N. M. (2009). A medição da qualidade de serviço percebida em bancos islâmicos no Qatar. *Journal for International Business and Entrepreneurship Development, 4*(1-2), 90-106.

Al-Tamimi, H. A. H., & Al-Amiri, A. (2003). Analysing service quality in UAE Islamic banks. *Journal of Financial Services Marketing, 8* (2), 119-132.

Anderson, S., Pearo, L. K., & Widener, S. K. (2008). Drivers of service satisfaction linking customer satisfaction to service concept and customer characteristics. *Journal of service research, 10*(4), 365-381.

Appannan, S., Doraisamy, B., & Hui, T. X. (2013). PERCEPÇÕES DOS CLIENTES SOBRE

A QUALIDADE DO SERVIÇO DOS BANCOS COMERCIAIS: UM ESTUDO DE CASO EM PENANG, MALÁSIA. *Academic Research International, 4*(5), 459.

Bem, S. L. (1981). Gender schema theory: A cognitive account of sex typing. *Psychological Review, 88*(4), 354.

Cacioppo, K. (2000). Measuring and managing customer satisfaction. *Quality Digest, 20*(9), 49-57.

Carlson, R. (1972). Understanding Women: Implications for personality theory and research (Compreender as mulheres: implicações para a teoria e a investigação da personalidade). *Journal of Social Issues, 28*(2), 17-32.

Caruana, A. (2002). Service loyalty: The impact of service quality and the mediating role of customer satisfaction. *European Journal of Marketing, 36*(7/8), 811-828.

Cross, S. E., &Madson , L. (1997). Models oftheself : self-construalsand gender. *Psychological Bulletin, 122*(1), 5.

Danaher, P. J. (1998). Customer heterogeneity in service management. *Journal of Service Research, 1* (2), 129-139.

Darley, W. K., & Smith, R. E. (1995). Gender differences in information processing strategies: An empirical test of the selectivity model in advertising response. *Journal of Advertising, 24* (1), 41-56.

Dick, A. S., & Basu, K. (1994). Customer loyalty: An integrated concetual framework. *Journal of the Academy of Marketing Science, 22*(2), 99-113.

Evanschitzky, H., & Wunderlich, M. (2006). An investigation of moderator effects in the four-stage loyalty model. *Journal of Service Research, 8*(4), 330-345.

Foss, B., & Stone, M. (2001). Successful customer relationship marketing. *Londres: Kogan PageLimited.*

Fournier, S. (1998). Os consumidores e as suas marcas: The development of relationship theory in consumer research. *Journal of Consumer Research, 24*(4), 343-373.

Ganesan-Lim, C., Russell-Bennett, R., & Dagger, T. (2008). The effects of service contact type and demographic characteristics on perceptions of service quality. *Journal of services marketing, 22*(7), 550-561.

Garland, R., & Gendall, P. (2004). Testing Dick and Basu's customer loyalty model. *Australasian Marketing Journal (AMJ), 12*(3), 81-87.

Gilligan, C. (1982). *In a different voice*: Harvard University Press.

Golmohammadi, A., & Jahandideh, B. (2010). Priorização das dimensões da qualidade do serviço: uma abordagem de rede neural. *Academia Mundial de Ciências, Engenharia e Tecnologia, 4*, 231-236.

Grewal, D., Baker, J., Levy, M., & Voss, G. B. (2003). The effects of waiting expectations and shop atmosphere ratings on visit intentions in service-intensive retail shops. *Journal of retailing, 79*(4), 259-268.

Gronroos, C. (2000). Marketing e gestão de serviços: uma abordagem de gestão da relação com o cliente. *European Business Review, 20*(4), 298-314.

Heskett, J. L., Sasser, W. E., & Schlesinger, L. A. (1997). The service profit chain. *New York.*

Hossain, M., & Leo, S. (2009). Percepções dos clientes sobre a qualidade do serviço na banca de retalho no Médio Oriente: o caso do Qatar. *International Journal of Islamic and Middle Eastern Finance and Management, 2*(4), 338-350.

Iacobucci, D., & Ostrom, A. (1993). Gender differences in the impact of core and relational aspects of services on the evaluation of service encounters. *Journal of Consumer Psychology, 2*(3), 257-286.

Ismail, M. B., Yusof, Z. M., & Ikhsan, S. O. S. S. (2000). A PARTILHA DE CONHECIMENTOS MELHORA A PRESTAÇÃO DE SERVIÇOS NO SECTOR PÚBLICO? UM ESTUDO DE CASO DE TRÊS AGÊNCIAS GOVERNAMENTAIS SELECCIONADAS.

Johnston, R. (1997). Identifying the critical determinants of service quality in retail banking: Importance and impact. *International Journal of Bank Marketing, 15* (4), 111-116.

Ladhari, R. (2009). Evaluating the psychometric properties of SERVQUAL in the Canadian banking sector. *Journal of Financial Services Marketing, 14*(1), 70-82.

Levesque, T., & McDougall, G. H. (1996). Determinants of customer satisfaction in retail banking. *International Journal of Bank Marketing, 14* (7), 12-20.

Mattila, A. S., Grandey, A. A., & Fisk, G. M. (2003). The interplay of gender and affective mood in satisfaction with services. *Journal of Service Research, 6*(2), 136-143.

McColl-Kennedy, J. R., Daus, C. S., & Sparks, B. A. (2003). The role of gender in responses to service failure and recovery. *Journal of service research, 6*(1), 66-82.

Mishra, S., & Suar, D. (2010). Does corporate social responsibility affect the business performance of Indian companies? *Journal of Business Ethics, 95*(4), 571-601.

Mittal, V., & Kamakura, W. A. (2001). Satisfação, intenção de recompra e comportamento de recompra: Investigating the moderating effect of customer attributes. *Journal of Marketing Research, 38*(1), 131-142.

Mudie, P., & Pirrie, A. (2006). Gestão de marketing de serviços. 3ª edição: Elsevier Ltd. Grã-Bretanha.

Noble, S. M., Griffith, D. A., & Adjei, M. T. (2006). Drivers of loyalty to local retailers: Understanding the influence of gender and purchase motives. *Journal of retailing, 82*(3), 177188.

O'Leary, V. E. (1974). Some attitudinal barriers to women's career aspirations. *Psychological Bulletin, 81* (11), 809.

Palmer, A., & Bejou, D. (1995). The impact of gender on the development of relationships between clients and financial advisors. *International Journal of Bank Marketing, 13* (3), 18-27.

Parasuraman, A., Zeithaml, V. A., & Berry, L. L. (1985). A concetual model of service quality and its implications for future research. *the Journal of Marketing*, 41-50.

Patterson, P. G. (2007). Demographic correlates of loyalty in a service context (Correlatos demográficos da lealdade num contexto de serviços). *Journal of Services Marketing, 21* (2), 112-121.

Singh, S., & Arora, R. (2011). A comparative study of banking services and customer satisfaction in public, private and foreign banks. *J Economics, 2*(1), 45-56.

Snipes, R. L., Thomson, N. F., & Oswald, S. L. (2006). Gender bias in customer evaluations of service quality: an empirical investigation. *Journal of Services Marketing, 20*(4), 274-284.

Srivastava, A. K., & Chatterjee, P. (2009). UM ESTUDO ANALÍTICO SOBRE SERVIÇOS BANCÁRIOS COMERCIAIS E SATISFAÇÃO DO CLIENTE.

Tariq, A. N., & Moussaoui, N. (2009). Os principais antecedentes da lealdade do cliente no sector bancário marroquino. *International Journal of Business and Management Science, 2* (2), 101.

Veloutsou, C., Daskou, S., & Daskou, A. (2004). Are the determinants of bank loyalty brand specific? *Journal of Financial Services Marketing, 9*(2), 113-125.

Watts, B. L., Mass, L. A., & Vallacher, R. R. (1982). Para uma compreensão do género

Índice

Parte 1 1
Parte 2 20

MIX
Papier aus verantwortungsvollen Quellen
Paper from responsible sources
FSC® C105338

Printed by Books on Demand GmbH, Norderstedt / Germany